了不起的中国古代科技与发明

戴梓

制造威远将军炮

KaDa故事 主编

猫十三 著　陈伟工作室 绘

史晓雷 审校

化学工业出版社

·北京·

图书在版编目（CIP）数据

戴梓：制造威远将军炮 / KaDa故事主编；猫十三著；
陈伟工作室绘 . —北京：化学工业出版社，2024.1
（了不起的中国古代科技与发明）
ISBN 978-7-122-44495-0

Ⅰ.①戴…　Ⅱ.①K…②猫…③陈…　Ⅲ.①戴梓（1649-
1726）—生平事迹—少儿读物　Ⅳ.①K825.2-49

中国国家版本馆CIP数据核字（2023）第225741号

责任编辑：刘莉珺　李姿娇　　　　装帧设计：史利平
责任校对：宋　夏

出版发行：化学工业出版社
　　　　　（北京市东城区青年湖南街13号　邮政编码100011）
印　　装：北京宝隆世纪印刷有限公司
880mm×1230mm　1/12　印张$3\frac{1}{2}$　字数50千字
2025年1月北京第1版第1次印刷

购书咨询：010-64518888　　　　售后服务：010-64518899
网　　址：http://www.cip.com.cn
凡购买本书，如有缺损质量问题，本社销售中心负责调换。

定　　价：39.80元　　　　　　　版权所有　违者必究

你知道威远将军炮的设计制造者是谁吗？

在军事技术落后的清朝，我国军民是如何与列强的坚船利炮对抗的呢？

炮身

炮口

木车

车轮

武器的发展史

人类从出生起，就面临着来自周围世界的许多危险。为了抵御这些危险，免受伤害，人类发明了许多武器来保护自己。

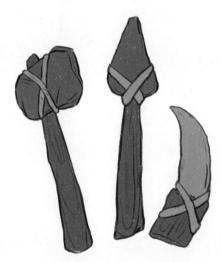

石器时代

这个时期的人类使用武器，主要是对抗来自大自然的威胁、用于捕猎，或是应对与其他部落之间的争斗等。其武器一般是棍棒、石器，或者将这两样结合起来的简单武器，如矛。

威远将军炮的设计制造者

戴梓（zǐ，1649—1726年）是清朝著名的火器制造家。他仅用8天的时间就设计并制造出了一种冲天炮，比当时比利时人制造的冲天炮威力还要大。康熙皇帝高兴极了，亲自为这种冲天炮起名为"威远将军"，并在炮身上刻下了戴梓的名字。戴梓的设计证明了当时清朝火器研究的实力和潜力，为我国火器的发展做出了重要贡献。

除了研究军事武器外，戴梓还懂天文，通兵法，甚至诗书绘画也很能拿得出手，是当时不可多得的一位博学多才之士。

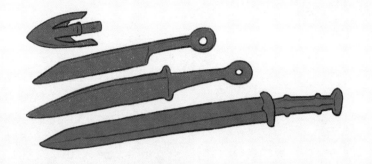

青铜器时代

从夏朝至商朝、周朝的春秋战国时期，中国古代文明处于青铜器时代。青铜是在纯铜中加入锡或铅形成的合金。与纯铜相比，青铜的强度高，熔点低，制作的武器锋利无比。那时候用青铜铸造的兵器包括刀、剑、戈、戟（jǐ）、矛等。

铁器时代

随着文明的发展和进步，人类由青铜器时代进入铁器时代。铁器与青铜器相比，硬度更高，冶炼工艺更简单，且铁矿资源分布更广，受到越来越多人的青睐。

火器时代

火器时代也可以称为"热兵器"（与"冷兵器"相对）时代。这一时期的武器，主要是以火药为燃料推进发射物的射击武器，如火枪、火炮等。南宋时期，我国出现了世界上第一支突火枪；到明清时期，火器在战争中发挥了越来越重要的作用。

戴梓25岁从军，一生为国家积极献计献策。康熙二十六年（1687年），他总共造了5尊威远将军炮，重量不等，每尊在142~165公斤之间。除了威远将军炮以外，他还研究设计了"连珠火铳（chòng）"。这种武器的形状很像一个琵琶，使用时，可以连续发射28发"火药铅丸"，发射完毕后，还可以重新装填继续发射，所以称之为"连珠"。

要做炮身先制模（1）

威远将军炮的炮身由铁铸造而成，形状很像一口长条形的、前粗后细的钟。但这口"钟"可不是直接由铁块加工出来的，而是要先制作出一个"钟"形的模子。模子做成什么形状，直接决定了炮身的形状。

挖完黏土喽！
再凿点碎石。

听说还要加点
骨头渣子？

试试结实不
结实，嘿嘿。

模（mú）子的原料由很多种东西组成，最主要的是黏土。黏土是制陶器的主要原料，但因为模子只是给炮身塑形的，本身不必太精细，所以也可以加些竹木草屑、碎石子、动物骨屑等来充数，这样可以省些黏土。

1686年，紫禁城，乾清宫内。

荷兰使臣捧着一个盒子，对康熙皇帝说："皇上，这是我们给您带来的礼物——蟠肠鸟枪。"

说着，他打开盒盖，里面露出一支黑得发亮的枪来。

皇宫大内

送给您的

当当当当

原料收集好后就可以配制泥料啦。用水将这些原料混合，并搅拌均匀；其中再加一些炭末、草屑。这些材料可以使泥料变得稍微疏松点，增加透气性，而且能防止泥模在变干后因收缩得太厉害而变形。

"这蟠肠鸟枪是一种很先进的武器，只有我们荷兰才有！"

康熙皇帝瞪着下面的荷兰使臣，脸色不太好看。

戴梓和其他几位大臣站在旁边，看到皇帝黑着脸，心里也跟着直犯嘀咕。

烧制：雕刻好的泥模需要放进窑内焙（bèi）烧，成为陶模。

窑：用来烧制砖瓦、陶瓷等的建筑物。

阴干：泥模塑成后，将其放在凉棚中逐渐晾干。

刻一只鸳鸯怎么样？

让你刷水，你怎么偷偷喝水呀？

别乱刻！这可是官家的东西！

刷水：在雕刻过程中，为防止泥模崩坏，需要不时在泥模表面刷少量水，以保持湿度。

6

泥料被塑成炮身的形状后需要放在阴凉处阴干，注意不能放在太阳下暴晒，否则会开裂的哟。泥模阴干以后就具有一定的硬度了，这时候可以用工具在表面雕刻出所需要的花纹。在雕刻的过程中，要不停地往泥模上刷水来保持湿度，不然泥模太干，就有可能崩坏。当所有的形状都雕好后，泥模就可以送进窑里烧制啦。

康熙皇帝把身子往前探了探，问道："你是说，这种蟠肠鸟枪，只有你们荷兰人才能造？"

荷兰使臣趾高气扬地说："正是！而且，造枪的技术十分复杂，所以蟠肠鸟枪的数量，一只手都数得过来！"

"我们国王把它送给您，也显示了与贵国结交的诚意。"

康熙皇帝看着荷兰使臣鼻孔朝天的样子，心想：还诚意！你要是长条尾巴，估计这会儿都能翘到天上去！

康熙皇帝招招手，让人把鸟枪呈到自己面前，却只是随便瞧了一眼，就把盒子又推到了一边。

"这种鸟枪，你们还当稀罕玩意儿呢？"他不服气地撇撇嘴，"朕的大清早就有了！而且，比你这个好多了！"

模做好了再制范

　　模和范是用来制作器物的两种不同工具。模是器物本身的形状，花纹向外凸，而范则要贴在模的表面再剥下来，这样器物的花纹就留在了内侧，是向内凹的。这个过程叫作翻范。在浇铸炮身时，铁水是灌注在范里成形的。也就是说，模的主要作用是制范，范才是最终为炮身塑形的工具。

土都弄到我脸上啦！

嘿哟！
嘿哟！

留孔：在外范顶部预留一个小孔，以便后续浇注铁水。

戴梓听皇帝吹牛，惊得差点把眼珠子掉下来。

一个大臣贴着戴梓的耳朵小声问道："这蟠肠鸟枪看上去不像是寻常物件啊！戴大人，咱们有这种东西吗？"

戴梓把眉毛皱成八字："哪有啊？皇上这是气不过，在这儿装大尾巴狼呢！"

那个大臣吓得脸都绿了："哎哟，戴大人，可不敢这么说！让皇上听见了可不得了！"

站在下面的荷兰使臣听康熙皇帝说这里有鸟枪，不禁惊奇道："皇上说的是真的吗？"

康熙皇帝梗着脖子道："当然了！是不是啊，戴大人？"

制范的泥料主要由黏土和砂组成，比起制模，制范的泥料中黏土含量更高。这些原料要经过晾晒、破碎、分筛等很多道工序，再加入水，做成软硬适中的泥料。泥料要经过反复摔打、揉搓和浸润，这样制作出来的范韧性更强，更能承受住铁水的高温。

确定分界：有时铸造的器具较大，或结构比较复杂，无法使用一个整体的外范，需要确定好范的分界，将范分成几个部分。

贴范：将刚刚和（huó）好的范泥堆贴在泥模上，再用力压紧，固定形状后再按分界小心剥下来。

炮身的空心怎么做？

　　做好的范很像一个大泥桶，要是这时候将铁水灌进去，只会得到一个实心的大铁柱。那么，炮身的空心是怎么来的呢？原来，在范的内部还有一样东西，叫作"芯"，可以用翻范的模来做，也就是在模的表面用工具进行刮削，炮身要做多厚，就刮掉多厚的泥。炮弹的外壳也是一样的做法。

把这些送到装火药的地方去。

好嘞！装火药的地方在哪儿？

威远将军炮的炮身由铸铁制成，总长二尺五寸（约80厘米），重量在150公斤左右，十分沉重，靠人力搬到战场上显然有点费劲，所以做一个小巧轻便的木车来拉炮，是个非常不错的选择。

做个小木车，拉炮更方便！

铁条：箍在拼接好的木料表面，起加固的作用。

哎，你别跑啊！

戴梓吓得浑身一哆嗦。他知道皇帝这是在找人给自己撑场面，哪里敢说实话，只得连连点头。

"是是是！皇上说的是！蟠肠鸟枪有，咱们早就有了！"

康熙皇帝耸耸肩，对荷兰使臣道："你看，朕没有骗你吧！"

而后，他又假装犯了难："不过，这些鸟枪现今都发给边地的将士们用了，等朕派人到军营里拿回来，再给你瞧一瞧。"

你先回去等等

荷兰使臣也看出康熙皇帝在说大话，不过他并不想当场折穿，而是想在这里多混几天饭吃，再来看皇帝的笑话。

等着看笑话咯

蟠肠鸟枪就这样静静地躺在了康熙面前的桌子上。

古法今用： 现代军事武器中的炮弹，已经不依靠火药捻子来引爆了，而是靠内部更加精细的结构，比如引信等。炮弹受到撞击，触发引信，从而引爆炸药。

快点！快点！

物尽其用，挺好挺好！

浇铸的准备工作

范做好了之后，可不能直接把滚烫的铁水浇进去，不然铁水温度过高，容易导致范崩裂。要先在范的外面打上一层木条加箍，然后送进窑内进行预热，预热好的范还得再埋进潮湿的泥沙坑中，这样才能保证范不会崩裂。

会见结束后，戴梓哭丧着脸来到康熙皇帝身边，指着枪有些心虚地说道："皇上，这蟠肠鸟枪……"

戴梓只得苦笑着应了一声。他只觉得自己此刻脸上的笑容，怕是比哭还难看。

"使臣请看！"康熙皇帝笑眯眯地指着那十个木盒，"这是我们大清内廷自造的鸟枪，挑了几支模样尚好的，送给贵国国王当作回礼。"

康熙皇帝瞥了戴梓一眼，说道："刚才是你自己说有的，这枪你拿去，五天之后，你得给我拿出十杆一模一样的来！"

五天很快过去了。乾清宫内依然是原班人马，不同的是，荷兰使臣的面前摆了十个精致的长条形木盒子。

"哦？那我们可得好好见识见识！"荷兰使臣哪里相信大清国会真有这种西式洋枪，以为皇帝吹牛，便做好了戳穿假话的准备。

加箍：在范的外面加上一层木条箍紧，防止铁水压力将范撑开。

埋范：预热好的范需要埋进潮湿的泥沙坑中，防止范崩裂。

得先预热一下才行啊！

哎，不是要浇铸子吗？怎么又要烤？

就算炸了也伤不着你，放心吧！

它不会在地底下炸了吧？

然而，他打开木盒这么一瞧，顿时大吃一惊。

只见十个木盒子里，整整齐齐、干干净净地躺着十支蟠肠鸟枪，每一支都比自己之前拿过来的更精致、更先进。

漂亮！

有几支甚至还用上了珐琅彩工艺，与其说是武器，不如说是漂亮的工艺品。

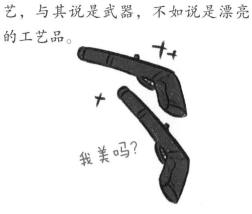

我美吗？

这炮劲儿可大着嘞，打个箍是为了更结实．

师傅，为什么还要在炮身外面打个箍呀？

"大清国真是人才济济！我们还拿自己的蟠肠鸟枪来跟皇上献丑，真是'孔圣人面前读《三字经》'啊！"

于是，荷兰使臣恭恭敬敬地带着十支鸟枪走了。

康熙皇帝龙颜大悦："戴大人能在短短的五天之内，就仿造出十支蟠肠鸟枪，煞了洋人的威风，真是替朕大大地出了一口恶气啊！"

浇铸炮身有讲究

范埋好了以后，就可以把熔化好的铁水从之前留好的孔里浇注进去啦。浇注铁水的时候，一定要掌握好速度，要快而平缓。需要注意的是，浇注时要把范倒过来，这样气孔和铁水中的杂质才会因为浮在铁水上部而集中在炮身底部，中上部的铁纯度才能更高，花纹也更清晰。

威远将军炮的制造

炮弹里的火药是从哪里来的？

火药起源于我国古代的炼丹术，最早是由那些炼丹家在非常偶然的情况下做出来的。那时候的一些人想着炼仙丹、吃仙药、成仙人，把硫黄、硝石、朱砂和一些药材混在一起放进炼丹炉，就这样一不小心，凑成了火药的配方。

这味道怎么跟臭鸡蛋似的？

硫黄：一种常用化学物质，黄色，有特殊臭味，古代用作炼丹原料。

雄黄：一种硫化物，可药用，古代用作炼丹原料。

戴梓谦虚道："皇上过奖！还要多亏皇上的信任和同僚们的支持，这才有微臣今日的成就。"

不取当

站在一旁的南怀仁感到很不服气。他是从比利时来的传教士，还是皇帝的科学老师，一直都自认为是整个大清国最懂火器制造的人。

哼

他见皇帝简直要把戴梓夸上天，便上前一步道："皇上，小小鸟枪威力有限。对面人少还好，要是人多，恐怕无法形成压倒性优势。"

枪太菜

康熙皇帝听南怀仁这样说，顿时来了兴致："哦？那老师说，什么武器才能形成压倒性优势呢？"

那啥不菜呢？

南怀仁背着手，神气地回答道："冲天炮！"

冲天炮！

"冲天炮？"康熙皇帝第一次听说这种东西，不禁感到好奇，"听着好像很厉害的样子……那要不，让戴大人琢磨琢磨，再造一个冲天炮出来？"

戴梓你来

中国古代的火药主要由硝石、硫黄、木炭等化学物质混合加工而成。民间长期流传的"一硝二黄三木炭"就是火药的简易配方。因为这样制成的火药呈黑褐色，所以人们又习惯称之为黑火药。为什么命名为"药"呢？这是因为它的发明来自古代金丹制药的实践，还因为火药和组成它的硝石、硫黄在古代都曾被当作药。遇火易燃是它的特性，故被称作火药。

雌黄：一种硫化物，古代用作炼丹原料。

硝石：无色、白色或灰色结晶状，有玻璃光泽，古代用作炼丹原料。

完了，完了，快跑！要炸了！

做炮弹是个技术活

威远将军炮的炮弹有二三十斤重，形状大小很像一个瓜。做炮弹之前，要先准备一根长约60厘米的火药捻，用纸将火药捻包裹住插入细竹筒内，竹筒两端还得各留一段药捻，一头长一头短，短的那头插进炮弹内的火药里，长的那头露在炮弹外面。

别把汗滴进火药里！

戴梓刚要说话，却被南怀仁抢先一步道："皇上，这冲天炮只有我们比利时人会造，其他人不行。"

只有我们会造

"这样啊……"康熙皇帝向来敬重这位老师，便和颜悦色道，"可是朕实在是想见识一下这冲天炮的威力，那就劳烦老师，造一门冲天炮吧！"

那老师来

"冲天炮工艺复杂，可能要花费很长时间，皇上若是着急的话……"南怀仁显出一副很为难的样子。

这东西不好造

火药捻：即炮弹的引线，露在外面的一端点燃后，火可以顺着药捻燃到炮弹内部，从而引爆炮弹。

药捻一定要插在火药里，别后面炸膛了，你我都得挨板子。

知道了，师傅。

"不急不急，朕不急。"康熙皇帝连连摆手，"老师尽管放手去造，所有资金由国库承担，什么时候造好了，跟朕说一声就行。"

朕不着急

"这……那好吧，那就请皇上等臣的消息吧。"南怀仁领了旨意，便回去造大炮了。

好吧

戴梓很好奇，常常去南怀仁家拜访，想看看他是怎么造炮的。然而他每次来，都被告知南大人事务繁忙，不接待客人。

我也想看看

人没见着，他倒总能看到南怀仁家的家丁往府里拉各种好吃的，还能看到府里请戏班子过来，这让他不禁对"事务繁忙"这几个字产生了疑惑。

忙些啥啊

一年过去了。一日，康熙皇帝把南怀仁和戴梓叫到身边，对南怀仁说："老师，去年委托您造的冲天炮，不知道您造好了没有啊？"

去年的事……

南怀仁行了个礼，回道："冲天炮乃是极精密的火器，恕臣不能在短短一年的时间内，就完成如此浩大的工程。"

工程浩大

威远将军炮的炮弹

炮弹怎么装进去？

炮身浇铸好后，等铁水温度降下来就会凝固，这时就可以把炮身取出来啦。在装填炮弹之前，先要在炮筒里面放入一个木马子，把底部填实，木马子上面还要再填一层土加固。然后，再从炮口那一头装入炮弹，药捻露在炮口外面。

吓我一跳，这也太响了！

师傅，木马子是干什么用的？

木马子可以增大阻力，这样炮弹的射程就更远啦！

康熙皇帝叹了口气："既然如此，那就再给老师一年时间吧。"

这时，戴梓忽然开口："皇上，臣也想试试制造冲天炮。"

康熙皇帝一乐："哎哟，戴大人也有兴趣？也罢，既然戴大人自告奋勇，那就着手去做吧！只是，这资金……"

放炮弹时，先在炮身的药室（也叫小膛）内装入火药。战场上情势危急，反复往药室内装火药十分耗费时间，这时就需要预先用油纸把火药包好，做成火药包，方便后续装填。

嘿，就凭你们？

战斗开启！

威远将军炮发明以后，在不同时期曾用过不同种类的炮弹，比如在康熙年间用的是铁壳爆炸弹，在雍正年间则发射实心弹。威远将军炮在康熙皇帝平定西北部噶（gá）尔丹叛乱和清军多次对敌作战中发挥了不可替代的作用。

"资金的事，皇上不必担忧。臣只是手痒，万一造不出，还要浪费国家的钱财，所以，微臣还是自掏腰包吧。"

南怀仁听出戴梓在讽刺自己浪费国家钱财，心想：嘿，好你个戴梓！没有我的指导，还没有资金，看你能造出个什么鬼玩意儿来！

然而，让南怀仁目瞪口呆的是，戴梓只用了不到十天的时间，便把冲天炮造好了。

臣自掏腰包

居然讽刺我

逗我呢？

冲啊!

冲啊!

这一天，康熙皇帝叫戴梓把冲天炮拉到郊外的一处空地上做试验，目标是放置在一公里外的几个稻草人。

站在人堆里看热闹的南怀仁暗自心想：哼，我就不信，我一年都没造好的东西，他戴梓不到十天就能造好？真是笑话！

戴梓站在一尊大炮旁边，说道："皇上请看，这就是臣制造出来的冲天炮。"

瑟瑟发抖

笑话

臣的大炮

只见大炮很短，大概只有两尺多。炮身为铁制，前粗后细，形状有点像一口仰着放的钟。两侧各有一个耳，固定在一辆四轮木车上。

康熙皇帝摸摸冲天炮，问道："这炮这么小，能有多大威力？"

戴梓嘿嘿一笑："皇上不要看我这炮身材小，可它却有300多斤呢！而且，炮身小巧，便于移动，在战场上操作更加灵活，也更有利于进攻啊！"

坐如钟

个头不大

本事不小

威远将军炮的使用

做好准备！要发炮啦！

发炮之前，一般是先将炮口扬起45度，再瞄准轰击目标。因为仰角在45度时，炮弹在水平方向上射出的距离是最远的，能达到1000米以上呢。威远将军炮的炮弹飞行方式跟近代的迫（pǎi）击炮很像，弹道都是弯曲的。

弹道：指炮弹从炮口射出后在空中飞行的路线。

妈呀！这是什么东西呀！

然后，他又拿出一枚炮弹："这冲天炮，又叫子母炮。母送子出，无人能敌。"说完，戴梓做好准备，迅速点燃引线，然后跑到一边。

周围的人看见戴梓跑了，也呼啦一下退到几丈开外，把耳朵捂得严严的。

随着一声震耳欲聋的巨响，一枚炮弹嗖的一下从炮膛里发射出去。弹片像无数把小刀子从天而降，顿时将远处的稻草人炸了个七歪八扭、面目全非！

嘿！怎么点火来着？

发射火炮时，要先点燃炮弹预留出的药捻，再迅速跑到火炮身后，点燃火门处的火药。由于战场上形势紧急，没有时间往火炮后面塞火药捻，一般会在火炮旁准备一个炭盆，里面放一根烧红的铁钎（qiān）。点炮时，直接将铁钎插入点火口，刺穿火药包，点燃火药。火炮的声音很大，所以长期担任火炮手的士兵听力一般都不是很好。

开炮！

啊？你说什么？

呼——呼——

火折子：用粗糙的纸包裹着火绒和其他材料卷成紧密的纸卷，点燃后将火吹灭，立即放进竹筒盖上盖子，使用时打开盖子，朝阴燃的纸卷吹气可使纸卷再次生起明火。

众人惊诧："好家伙，这么厉害！"

真厉害啊！

旁边围观的大臣也纷纷鼓掌，叫好声响成一片。

太棒了！

戴梓却又谦虚道："'不朽'二字，臣可不敢当。还是要多亏皇上的信任，和南大人的激励啊！"

功劳不是我一个人的

康熙皇帝也兴奋地大叫起来："冲天炮一飞冲天，锐不可当，真是大开眼界呀！短短十天之内，就能造出如此威力的火炮，戴大人真是国之栋梁啊！"

戴大人好样的

"这么厉害的火炮，日后定当威名远扬！"康熙皇帝走到冲天炮身边，"嗯，那朕就封此炮为——威远大将军！再把戴大人的名字也刻在上面，以示不朽！"

威远大将军

南怀仁见戴梓又在挤对自己，气得脸红脖子粗。可他毕竟没能造出冲天炮，只能憋下这口窝囊气，嘴巴噘得老高。

又讽刺我？

清代火炮的装填：清代火炮的装填方式共有两种。一种是前装式，也就是火药和球形炮弹由炮口直接装入火炮。另一种是后装式，由一门母炮和许多子炮组成，这种火炮的子炮从母炮的后腹部装入。其中，前装式过于费时费力，很容易延误战机，并且每发一炮中间间隔时间较长，容易给敌人以可乘之机。

后来，威远将军炮在平定噶尔丹叛乱之战中，一炮走红。

一炮走红

大炮被拉到前线，只朝噶尔丹大营开了三炮，敌军立刻吓得四散奔逃。

扬扬得意的噶尔丹本人见了这种阵仗，也吓得抱头鼠窜，什么都顾不上了。

快跑啊！

什么鬼名堂？！

战争胜利！军队凯旋！

军队出征胜利后的回归，一般称之为"凯旋"。像康熙御驾亲征平定噶尔丹叛乱这种比较大的胜利，一般会举行规模很大的庆功宴，还会给有重大贡献的将领加官晋爵。

这次李大人有功，赏！

清军大获全胜。困扰清廷多年的噶尔丹叛乱，终于在此次战役中得到了解决。

噶尔丹吃了威远将军炮的亏，再也不敢带人来犯了。

就这样，戴梓的名字和威远将军炮一起，名垂青史！

火器的演变

中国科学院自然科学史研究所原副研究员、科技史博士　史晓雷

北宋时期，1044年成书的《武经总要》首次明确记载了世界上最早的军用火药配方：毒药烟球方、火炮火药方和蒺藜火球方。

南宋时期，1132年，南宋将领陈规在作战中首次使用竹管突火枪。

1161年，宋金采石之战时，宋军使用火箭投入实战，火箭名曰"霹雳炮"。

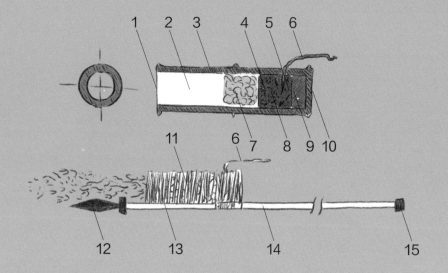

南宋绍兴二年（1132）的火枪复原图，潘吉星复原（2000）：

1.筒口	9.泥层
2.前膛	10.底壁
3.筒壁	11.捆绳
4.燃烧室	12.矛头
5.火门	13.铁皮
6.引线	14.枪杆
7.纸团	15.枪托
8.火药	

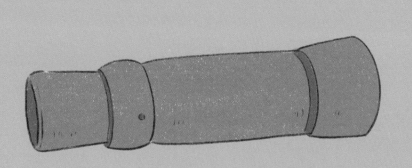

1259年，南宋寿春府造"管状射击武器"。这是火铳的前身。

元朝出现了金属火铳，目前最早的是大德二年（1298年）铜碗口火铳。

明朝末年，西方火器知识开始传入国内。

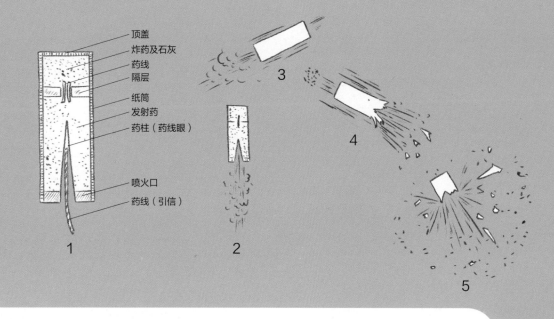

南宋绍兴三十一年（1161）采石之战中使用的霹雳炮复原图，潘吉星复原（1987）：
1. 结构示意图
2. 发射时的状态
3. 飞行中的状态
4. 降落时的状态
5. 爆炸并放出石灰雾

顶盖
炸药及石灰
药线
隔层
纸筒
发射药
药柱（药线眼）
喷火口
药线（引信）

1   2   3   4   5

现代火器的应用

现代军事工业体系中用到的火药均不是黑火药，而是黄火药，它是西方18世纪化学工业的产物，是一种化学合成的化合物。

2019年国庆阅兵时亮相的PHL-16超远程火箭炮，可以发射多款火箭弹和精确制导火箭弹，发射370毫米制导火箭弹最远射程可达300千米。它既有火箭炮的爆发威力，又兼具导弹的精度和射程。

小小发明家实验室

戴梓发明的冲天炮威力巨大，真是太震撼人心了！轻轻松松就可以在当时的战场上形成压倒性的优势，难怪要叫"威远大将军"呢！

不过，火炮虽然威力大，但也是一种很危险的东西。所以今天的实验，我来教大家做一个不那么危险，且有趣又好玩的手工礼炮，让生日宴会乐趣无穷！

准备材料：好看的一次性纸杯、
气球、彩纸屑、透明
胶带、剪刀、壁纸刀。

第一步：先用壁纸刀将一次性纸杯的杯底裁掉。

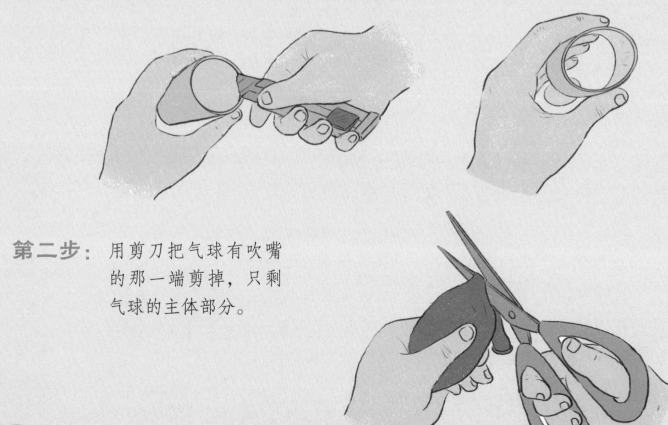

第二步：用剪刀把气球有吹嘴
的那一端剪掉，只剩
气球的主体部分。

第三步：把剪好的气球套在刚刚裁好的纸杯上，注意是套在底部的那一边哟。

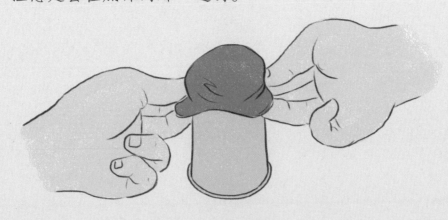

第四步：用透明胶带将气球和纸杯牢牢地固定在一起。

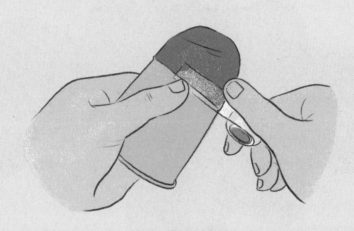

第五步：把彩纸屑放入纸杯内，拉动气球，再放手，就可以把彩纸屑弹出去啦。一个简单的手工宴会礼炮就做好咯！

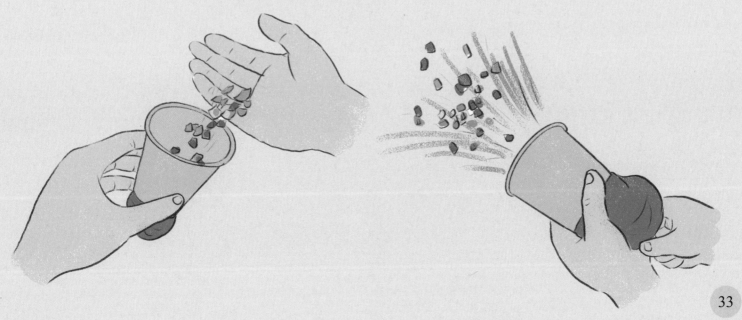